Kyrgyz Language: The Kyrgyz Phrasebook

Hamid Tanaev

Contents

The Kyrgyz Alphabet   1

1. Most common expressions   3
2. At the Airport   9
3. Introductions   11
4. Directions   21
5. At the hotel   29
6. Medical issues   37
7. Shopping   43
8. At the restaurant   75
9. Entertainment   85
10. Problems   87
11. Changing money   91
12. General Reference Information   93

The Kyrgyz Alphabet

а	a	и	i	п	p	ч	ch
А	A	И	I	П	P	Ч	Ch
б	b	й	yi	р	r	ш	sh
Б	B	Й	Yi	Р	R	Ш	Sh
в	v	к	k	с	s	щ	sh'
В	V	К	K	С	S	Щ	Sh'
г	g	л	l	т	t	ь	'
Г	G	Л	L	Т	T	Ь	'
д	d	м	m	у	u	ы	y
Д	D	М	M	У	U	Ы	Y
е	e	н	n	ү	ü	ъ	''
Е	E	Н	N	Ү	Ü	Ъ	''
ё	yo	ң	ng	ф	f	э	e
Ё	Yo	Ң	Ng	Ф	F	Э	E
ж	j	о	o	х	h	ю	iu
Ж	J	О	O	Х	H	Ю	Iu
з	z	ө	ö	ц	tz	я	ya
З	Z	Ө	Ö	Ц	Tz	Я	Ya

Kyrgyz Language: The Kyrgyz Phrasebook

1. Most common expressions
1. Көп колдонулган фразалар
1. Köp koldonulgan frazalar

Hello!

Саламатсызбы!

Salamatsyzby!

Yes

Ооба

Ooba

I can't speak Kyrgyz well

Мен кыргызча жакшы сүйлөй албайм

Men kyrgyzcha jakshy süyilöyi albayim

Maybe

Болушу мүмкүн

Bolushu mümkün

No, thank you

Жок, рахмат

Jok, rahmat

✓ **I'm sorry**

Кечирип коюңузчу

Kechirip koiunguzchu

✓ **Excuse me**

Кечиресиз

Kechiresiz

Please

Өтүнөм

Ötünöm

How much do you want for this?

Бул үчүн канча сурайсыз?

Bul üchün kancha surayisyz?

Excuse me, where is the restroom?

Кечиресиз, даараткана кайсы жерде?

Kechiresiz, daaratkana kayisy jerde?

Do you understand English?

Сиз англисче түшүнөсүзбү?

Siz anglische tüshünösüzbü?

Do you speak English?

Сиз англисче сүйлөй аласызбы?

Siz anglische süyilöyi alasyzby?

Excuse me

Кечиресиз

Kechiresiz

Just a minute

Бир мүнөт

Bir münöt

That's alright

Эч нерсе эмес

Ech nerse emes

What did you say?

Эмне дедиңиз?

Emne dedingiz?

It doesn't matter

Ага маани бербей эле коюңуз

Aga maani berbeyi ele koiunguz

I don't speak Kyrgyz

Мен кыргызча сүйлөбөйм

Men kyrgyzcha süyilöböyim

I speak only a little Kyrgyz

Мен кыргызча бир аз гана сүйлөйм

Men kyrgyzcha bir az gana süyilöyim

I don't understand Kyrgyz

Мен кыргызча түшүнбөйм

Men kyrgyzcha tüshünböyim

I understand only a little Kyrgyz

Мен кыргызча бир аз гана түшүнөм

Men kyrgyzcha bir az gana tüshünöm

I'm sorry, could you repeat that?

Кечиресиз, кайрадан кайталап коёсузбу?

Kechiresiz, kayiradan kayitalap koyosuzbu?

How do you say ... in Kyrgyz?

... деген кыргызча кандай болот?

... degen kyrgyzcha kandayi bolot?

What does that mean?

Ал эмнени билдирет?

Al emneni bildiret?

Please, repeat

Кайталап коюңузчу, суранам

Kayitalap koiunguzchu, suranam

2. At the Airport
2. Аэропортто
2. Aeroportto

Passport

Паспорт

Pasport

Ticket

Билет

Bilet

Where did you arrive from?

Сиз кайдан келдиңиз?

Siz kayidan keldingiz?

Where are you traveling?

Сиз кайсы жакка бара жатасыз?

Siz kayisy jakka bara jatasyz?

How many bags do you have?

Сизде канча баштык бар?

Sizde kancha bashtyk bar?

3. Introductions
3. Таанышуу
3. Taanyshuu

My name is John

Менин атым Жон

Menin atym Jon

What is your name?

Атыңыз ким?

Atyngyz kim?

Nice to meet you

Таанышканыма кубанычтамын

Taanyshkanyma kubanychtamyn

How are you?

Кандайсыз?

Kandayisyz?

Good/ very good

Жакшы/ абдан жакшы

Jakshy/ abdan jakshy

And you

Сизчи?

Sizchi?

Alright

Түзүк

Tüzük

So-so

Көп анчалык эмес

Köp anchalyk emes

Bad

Начар

Nachar

Bye

Жакшы барыңыз

Jakshy baryngyz

Goodbye

Жакшы барыңыз

Jakshy baryngyz

This is my…

Бул мен**и**н…

Bul menin…

… wife

… келинчег**и**м

… kelinchegim

…boyfriend

…сүйлөшк**ө**н жигит**и**м

…süyilöshkön jigitim

…girlfriend

…сүйлөшк**ө**н кыз**ы**м

…süyilöshkön kyzym

…son

…уул**у**м

…uulum

…daughter

…кыз**ы**м

…kyzym

I work for

Мен ... иштейм

Men ... ishteyim

I'm here...

Мен бул жерде ...

Men bul jerde ...

...on vacation

...өргүүдөмүн

...örgüüdömün

...for work

...жумуш боюнча жүрөм

...jumush boiuncha jüröm

...from United States

(жерге) ... Кошмо Штаттардан келдим

(jerge) ... Koshmo Shtattardan keldim

I am married

Мен үйлөнгөм

Men üyilöngöm

I am single

Мен бойдокмун

Men boyidokmun

Yes

Ооба

Ooba

I understand

Түшүнүп жатам

Tüshünüp jatam

Not

Эмес

Emes

Do you understand

Сиз түшүнүп жатасызбы?

Siz tüshünüp jatasyzby?

Excuse me/Sorry

Кечиресиз/Кечирип коюңуз

Kechiresiz/Kechirip koiunguz

I'm an American

Мен америкалыкмын

Men amerikalykmyn

I live in...

Мен ... жашайм

Men ... jashayim

I speak English

Мен англисче сүйлөйм

Men anglische süyilöyim

Do you speak English?

Сиз англисче сүйлөй аласызбы?

Siz anglische süyilöyi alasyzby?

I speak Kyrgyz

Мен кыргызча сүйлөйм

Men kyrgyzcha süyilöyim

A little

Бир аз

Bir az

Do you speak Kyrgyz?

Сиз кыргызча сүйлөйсүзбү?

Siz kyrgyzcha süyilöyisüzbü?

Pleasure to do business with you

Сиз менен иш жүргүзгөнгө кубанычтамын

Siz menen ish jürgüzgöngö kubanychtamyn

I have an appointment with

Менде ... менен жолугушуу бар эле

Mende ... menen jolugushuu bar ele

Here is my business card

Мына менин таанытма картам

Myna menin taanytma kartam

I work for

Мен ... иштейм

Men ... ishteyim

Do you want?

Сиз каалайсызбы?

Siz kaalayisyzby?

I want...

Мен ... каалайм

Men ... kaalayim

I don't want...

Мен ... каалабайм

Men ... kaalabayim

...to eat

...тамак жегенди

...tamak jegendi

...to drink

...ичкенди

...ichkendi

I want to go...

... баргым келет

... bargym kelet

I don't want to go...

... баргым келбейт

... bargym kelbeyit

...to the restaurant

...ресторан**а**

...restorang**a**

...to the hotel

...мейманканаг**а**

...meyimankanag**a**

...to a concert

...концертк**е**

...kontzertk**e**

...home

...үйг**ө**

...üyig**ö**

...to the movies

...киног**о**

...kinog**o**

...for a walk

...сейилдегенг**е**

...seyiildegeng**e**

Thank you

Рахмат

Rahmat

Please

Өтүнүч

Ötünüch

You're welcome

Эч нерсе эмес

Ech nerse emes

4. Directions
4. Багыттамалар
4. Bagyttamalar

General directions

Жалпы багыттамалар

Jalpy bagyttamalar

To the left

Солго

Solgo

To the right

Оңго

Onggo

Straight

Түз

Tüz

Back

Артка

Artka

Take the first left/right

Биринчи кайрылыштан солго/оңго бурулуңуз

Birinchi kayirylyshtan solgo/onggo burulunguz

Near the building

Имараттын жанында

Imarattyn janynda

Far

Алыс

Alys

Not far

Алыс эмес

Alys emes

By foot

Жөө

Jöö

By car

Машине менен

Mashine menen

On the bus

Автобус менен

Avtobus menen

How do I get to

... кантип жетсе болот?

... kantip jetse bolot?

... the airport

Аэропортко...

Aeroportko...

... the hotel?

Мейманканага...

Meyimankanaga...

... the movie theater?

Кинотеатрга...

Kinoteatrga...

... the museum?

Музейге

Muzeyige

... the restaurant?

Ресторанг**а**...

*Restorang**a**...*

... the café?

Кафег**е**...

*Kafeg**e**...*

... the mall?

Почт**а** кеңсесин**е**...

*Pocht**a** kengsesin**e**...*

... the gas station?

(Күй**үү**чү) май куй**уу**чу жайг**а**...

*(Küyi**üü**chü) mayi kuyi**uu**chu jayig**a**...*

... the bazaar?

Базарг**а**...

*Bazarg**a**...*

... the restroom?

Дааратканаг**а**...

*Daaratkanag**a**...*

...thetrain station?

Негизг**и** бекетк**е**...

Negizgi beketke...

... the street?

Көчөсүн**ө**...

Köchösünö...

Is there ...

Арад**а** ... барб**ы**?

Arada ... barby?

...a bank?

...банк

...bank

...a bus stop ?

...күт**үү** жай**ы** (аялдам**а**)

...kütüü jayiy (ayaldama)

...a café?

...каф**е**

...kafe

...a store?

...дүкөн

...dükön

...a church?

...чиркөө

...chirköö

...a cinema?

...кинотеатр

...kinoteatr

...a currency exchange?

...акча алмаштыруу жайы

...akcha almashtyruu jayiy

...a drugstore?

...дарыкана

...darykana

...a dry cleaners?

...химиялык тазалоо жайы

...himiyalyk tazaloo jayiy

...a gas station?

...(күйүүчү) май куйуучу жай

...(küyiüüchü) mayi kuyiuuchu jayi

...a hospital?

...оорукана

...oorukana

... a parking lot?

... токтомо жай

... toktomo jayi

... a restroom?

... дааратканa

... daaratkana

5. At the hotel
5. Мейманканада
5. Meyimankanada

Hi, I have a reservation

Саламатсызбы, менде ээлөө бар эле

Salamatsyzby, mende eelöö bar ele

My name is...

Менин атым...

Menin atym...

I need a room, please

Мага бөлмө керек эле

Maga bölmö kerek ele

We need two rooms please...

Бизге эки бөлмө керек эле...

Bizge eki bölmö kerek ele...

... with one bed

... бир керебети менен

... bir kerebeti menen

... with two beds

... эки керебети менен

... eki kerebeti menen

It's for...

Ал ... керек

Al ... kerek

... a few days

...бир нече күнгө

...bir neche küngö

... a week

...бир жумага

...bir jumaga

... two weeks

...эки жумага

...eki jumaga

Is breakfast included?

Таңкы тамак камтылганбы?

Tangky tamak kamtylganby?

What time is breakfast served?

Таңкы тамак канчада берилет?

Tangky tamak kanchada berilet?

Could I look at the rooms?

Бөлмөлөрдү көрсөм болобу?

Bölmölördü körsöm bolobu?

What time do I have to vacate the room?

Бөлмөнү кайсы убакта бошотушум керек?

Bölmönü kayisy ubakta boshotushum kerek?

Could I reserve a room, please?

Бөлмө ээлеп койсом болобу?

Bölmö eelep koyisom bolobu?

Likely answers:

Ыктымалдуу жооптор:

Yktymalduu jooptor:

Yes

Ооба

Ooba

No

Жок

Jok

We don't have available rooms

Бизде бош бөлмөлөр жок

Bizde bosh bölmölör jok

No, thank you

Жок, рахмат

Jok, rahmat

I need...

Мага ... керек

Maga ... kerek

...another blanket

...башка жууркан

...bashka juurkan

...another pillow

...башка жаздык

...bashka jazdyk

...another towel

...башка сүлгү

...bashka sülgü

...more soap

...дагы самын

...dagy samyn

...a razor

...устара

...ustara

...a hair dryer

...фен

...fen

Please, some more...

Даг**ы** ... бер**и**п коюң**у**зчу

Dagy ... berip koiunguzchu

...tea

...чай

...chayi

...coffee

...к**о**фе

...kofe

...water

...суу

...suu

...juice

...шир**е**

...shire

...milk

...сүт

...süt

...bread

...нан

...nan

...eggs

...жумурт**а**

...jumurtka

Come in

Кириңиз

Kiringiz

Later, please

Кийинчерээк

Kiyiinchereek

I need a taxi, please

Мага такси чакырып бериңизчи

Maga taksi chakyryp beringizchi

6.Medical issues
6. Медициналык маселелер
6. Meditzinalyk maseleler

Major Issues

Олуттуу маселелер

Oluttuu maseleler

I need ...

Мага ... керек

Maga ... kerek

... a doctor

... доктор

... doktor

... a hospital

Мен ооруканага барышым керек болуп жатат

Men oorukanaga baryshym kerek bolup jatat

My head hurts

Башым ооруп жатат

Bashym oorup jatat

My stomach hurts

Аш-казаным ооруп жатат

Ash-kazanym oorup jatat

My arm hurts

Колум ийиниме чейин ооруп жатат

Kolum iyiinime cheyiin oorup jatat

My hand hurts

Колум ооруп жатат

Kolum oorup jatat

My leg hurts

Бутум толугу менен ооруп жатат

Butum tolugu menen oorup jatat

My foot hurts

Бутумдун аягы ооруп жатат

Butumdun ayagy oorup jatat

My back hurts

Белим ооруп жатат

Belim oorup jatat

My ear hurts

Кулагым ооруп жатат

Kulagym oorup jatat

My kidney hurts

Бөйрөгүм ооруп жатат

Böyirögüm oorup jatat

My neck hurts

Мойнум ооруп жатат

Moyinum oorup jatat

My throat hurts

Тамагым ооруп жатат

Tamagym oorup jatat

It hurts right here

Ушул жерим ооруп жатат

Ushul jerim oorup jatat

The pain is sharp

Какшатып ооруп жатат

Kakshatyp oorup jatat

The pain is not sharp

Какшат**ы**п ооруг**а**н жок

Kakshatyp oorugan jok

It hurts sometimes

Кез-кезд**е** оор**у**йт

Kez-kezde ooruyit

It hurts all the time

Тынб**ай** оор**у**п жат**ат**

Tynbayi oorup jatat

I lost...

Мен ... жогот**у**п алд**ы**м

Men ... jogotup aldym

...my glasses

...көз айнегимд**и**

...köz ayinegimdi

...my contact lenses

...конт**а**кт линзалрымд**ы**

...kontakt linzalarymdy

...my prescription medication

...рецепт менен берилген дарыларымды

...retzept menen berilgen darylarymdy

I have a cold

Мага суук тийди

Maga suuk tiyidi

I need some aspirin

Мага аспирин керек болуп жатат

Maga aspirin kerek bolup jatat

I have a fever

Этим ысып жатат

Etim ysyp jatat

I feel dizzy

Башым ооруп жатат

Bashym oorup jatat

I have a...

Менин...

Menin...

High blood pressure

кан басым**ы**м жогор**у**

kan basymym jogoru

Asthma

астмам бар

astmam bar

Diabetes

диабет**и**м бар

diabetim bar

7. Shopping
7. Дүкөнчүлөө
7. Dükönchülöö

Hello/Hi

Саламатсызбы

Salamatsyzby

I need help, please

Мага жардам берип коюңузчу

Maga jardam berip koiunguzchu

I'm just looking.

Мен жөн гана карап жатам.

Men jön gana karap jatam.

Yes, please

Ооба

Ooba

No, thank you.

Жок кереги жок, рахмат.

Jok keregi jok, rahmat.

Could I try this on please?

Мен муну кийип көрсөм болобу?

Men munu kiyiip körsöm bolobu?

How much does this cost?

Бул канча турат?

Bul kancha turat?

I like this

Бул мага жакты

Bul maga jakty

I don't like this

Бул мага жаккан жок

Bul maga jakkan jok

That's too expensive

Өтө кымбат экен

Ötö kymbat eken

Could you lower the price?

Баасын түшүрө аласызбы?

Baasyn tüshürö alasyzby?

Is this on sale?

Мунун баасы төмөндөтүлгөнбү?

Munun baasy tömöndötülgönbü?

I'll take this

Мен муну алмакчы болдум

Men munu almakchy boldum

Clothes

Кийимдер

Kiyiimder

I need to buy...

... сатып алышым керек болуп жатат

... satyp alyshym kerek bolup jatat

...a belt

Кур...

Kur...

...a bathing suit

Сууга түшүү кийимин...

Suuga tüshüü kiyiimin...

... **a coat**

Пальто...

Pal'to...

... **a tie**

Галстук...

Galstuk...

... **a bra**

Бюстгальтер...

Biustgal'ter...

...**panties**

Ич кийим...

Ich kiyiim...

...**a sweater**

Свитер...

Sviter...

...**a shirt**

Көйнөк...

Köyinök...

...a jacket

Пиджак...

Pidjak...

... socks

Байпак...

Bayipak...

...pants

Шым...

Shym...

...jeans

Жынсы...

Jynsy...

... briefs

Шорты...

Shorty...

...boxers

Эркектердин ич кийимин...

Erkekterdin ich kiyiimin...

...gloves

Мээлей...

Meeleyi...

...shoes

Туфли...

Tufli...

...a skirt

Юбка...

Iubka...

... a hat

Шляпа...

Shlyapa...

...a jacket

Пиджак...

Pidjak...

Do you have this in...

Мун**у**н ... т**у**ст**ө**г**у**с**у** барб**ы**?

*Mun**u**n ... tüstögüs**ü** barb**y**?*

...black

...кар**а**

*...kar**a***

...blue

...к**ө**к

...kök

...brown

...к**у**р**ө**ң

*...kür**ö**ng*

...green

...жаш**ы**л

...jashyl

...gray

...боз

...boz

...pink

...кызг**ы**лт

...kyzgylt

...red

...кыз**ы**л

...kyzyl

...white

...ак

...ak

...yellow

...сар**ы**

...sary

Payment

Төлөм

Tölöm

Do you take…

Сиздер … кабыл аласыздарбы?

Sizder … kabyl alasyzdarby?

…**credit cards?**

…кредит карталарын

…kredit kartalaryn

…**cash?**

…накталай акча

…naktalayi akcha

…**dollars?**

…доллар

…dollar

…**checks?**

…чектерди

…chekterdi

Likely responses

Ыктымалдуу жооптор

Yktymalduu jooptor

Can I help you?

Сизге жардам бере аламбы?

Sizge jardam bere alamby?

Do you need anything else?

Дагы кандай жардам бере алам?

Dagy kandayi jardam bere alam?

What would you like?

Бир нерсе алайын дедиңизби?

Bir nerse alayiyn dedingizbi?

Yes, of course

Ооба, ал бette

Ooba, al bette

No, I'm sorry

Жок, кечиресиз

Jok, kechiresiz

Disputes

Талаш

Talash

This is a mistake

Ката кетсе керек

Kata ketse kerek

Food

Тамак

Tamak

Hello

Саламатсызбы

Salamatsyzby

Where is the supermarket?

Супермаркет кайсы жакта?

Supermarket kayisy jakta?

Where is the store?

Дүкөн кайсы жакта?

Dükön kayisy jakta?

I need some help

Мага жардам керек болуп жатат

Maga jardam kerek bolup jatat

I'd like to buy

Мен ... сатып алайын дедим эле

Men ... satyp alayiyn dedim ele

Where is the...

... кайсы жерде

... kayisy jerde

Bread

Нан

Nan

Eggs

Жумуртка

Jumurtka

Butter

Май

Mayi

Sour cream

Кычкыл каймак

Kychkyl kayimak

Rice

Күрүч

Kürüch

½ kilos

½ кило

½ kilo

¾ kilos

¾ кило

¾ kilo

---

1 kilo

1 кило

1 kilo

---

2 kilos

2 кило

2 kilo

---

3 kilos

3 кило

3 kilo

4 kilos

4 кил**о**

*4 kil**o***

Meat

Эт

Et

Beef

Уй эт**и**

Uyi eti

Pork

Чочк**о** эт**и**

*Chochk**o** eti*

Chicken

Тоок эт**и**

Took eti

Lamb

Коз**у** эт**и**

*Koz**u** eti*

Mutton

Кой эти

Koyi eti

Veal

Торпок эти

Torpok eti

Shrimp

Креветка

Krevetka

Fish

Балык

Balyk

Salmon

Сёмга

Syomga

Sturgeon

Осётр

Osyotr

Cod

Треска

Treska

Fruit

Жемиш

Jemish

Strawberry

Кулпунай

Kulpunayi

Apple

Алма

Alma

Apricot

Абрикос

Abrikos

Banana

Банан

Banan

Cherry

Алча

Alcha

Grapefruit

Грейпфрут

Greyipfrut

A melon

Коон

Koon

Pear

Шабдаалы

Shabdaaly

Pineapple

Ананас

Ananas

Grapes

Жүзүм

Jüzüm

Strawberry

Кулпунай

Kulpunayi

Raspberry

Малина

Malina

Vegetables

Жашылчалар

Jashylchalar

Carrots

Сабиз

Sabiz

Cabbage

Капуста

Kapusta

Eggplant

Баклажан

Baklazhan

Mushrooms

Козу карындар

Kozu karyndar

Peas

Буурчактар

Buurchaktar

Green peppers

Жашыл калемпир

Jashyl kalempir

Red peppers

Кызыл калемпир

Kyzyl kalempir

Potatoes

Картошка

Kartoshka

Drinks

Суусундуктар

Suusunduktar

Wine

Вино

Vino

Beer

Сыра

Syra

Vodka

Арак

Arak

Whiskey

Виски

Viski

Cognac

Конъяк

Kon''yak

Milk

Сүт

Süt

Mineral water

Минералдык суу

Mineraldyk suu

Juice

Шире

Shire

Tea

Чай

Chayi

Deserts

Десерттер

Desertter

Chocolate

Шоколад

Shokolad

Cake

Пирог

Pirog

Ice cream

Бал муздак

Bal muzdak

Condiments

Катыктар

Katyktar

Where is...

Кайсы жерде... ?

Kayisy jerde... ?

...the sugar?

Кум-шекер...

Kum-sheker...

...the salt?

Туз...

Tuz...

...the tea?

Чай...

Chayi...

...the ketchup?

кетчуп...

ketchup...

...the sour cream?

Кычкыл каймак...

Kychkyl kayimak...

...the mayonnaise?

Майонез...

Mayionez...

...the vinegar?

Уксус...

Uksus...

Electronics

Электроника

Elektronika

Hello

Саламатсызбы

Salamatsyzby

I need to buy...

... сат**ы**п алай**ы**н дед**и**м эл**е**

... satyp alayiyn dedim ele

...batteries

Батар**е**йка...

Batareyika...

...a camera

Ф**о**то/в**и**део к**а**мера...

Foto/video kamera...

...CD player

CD ойнотк**у**ч...

CD oyinotkuch...

...headphones

Кулакч**ы**н...

Kulakchyn...

Smoking items

Тамек**и**-чыл**ы**м өнүмдөр**у**

Tameki-chylym önümdörü

Hi, I need...

Саламатсызбы, мага ... керек эле

Salamatsyzby, maga ... kerek ele

...a pack of cigarettes

...бир куту тамеки

...bir kutu tameki

...two packs, please

...эки куту бериңизчи

...eki kutu beringizchi

...three packs

...үч куту

...üch kutu

...a lighter

... оттук таш

... ottuk tash

...some matches

...ширеңке

...shirengke

Shopping for drugs

Дары-дармек сатып алуу

Dary-darmek satyp aluu

Where is the pharmacy?

Дарыкана кайсы жакта?

Darykana kayisy jakta?

Hi, I need...

Саламатсызбы, мага ... керек эле

Salamatsyzby, maga ... kerek ele

...some aspirin

...аспирин

...aspirin

...a bandage

...бинт

...bint

...some antiseptic

...антисептик

...antiseptik

...insect repellent

...курт-кумурскаларды качыруучу каражат

...kurt-kumurskalardy kachyruuchu karajat

...lip balm

...эрин майы

...erin mayiy

I need medication for...

Мага ... үчүн дары керек эле

Maga ... üchün dary kerek ele

...bites

...чагуулардан

...chaguulardan

...cold

...суук тийгенден

...suuk tiyigenden

...headache

...баш оорусунан

...bash oorusunan

...flu

...сасык тумоодон

...sasyk tumoodon

...sunburn

...күнгө күйгөндөн

...küngö küyigöndön

Do you have...

Сиздерде ... барбы?

Sizderde ... barby?

...deodorant?

...дезодорант

...dezodorant

...shaving crème?

...устара креми

...ustara kremi

...razors?

...устара

...ustara

...some soap?

...самын

...samyn

...some sunscreen?

...күнгө күйүүгө каршы каражат

...küngö küyüügö karshy karajat

...some tampons?

...тампон

...tampon

...some toilet paper?

...даарат кагаз

...daarat kagaz

...some toothpaste?

...тиш пастасы

...tish pastasy

...some mouthwash?

...ооз чайкагыч

...ooz chayikagych

Miscellaneous Items

Ар түрдүү жарактар

Ar türdüü jaraktar

I need...

Мага ... керек болуп жатат

Maga ... kerek bolup jatat

...a pen

...калем сап

...kalem sap

...a guidebook

...маалымдама китепчеси

...maalymdama kitepchesi

...a bag

...баштык

...bashtyk

...a map

...карта

...karta

...a postcard

...почта картасы

...*pochta kartasy*

...some paper

...кагаз

...*kagaz*

...fork

...айрыча

...*ayirycha*

...knife

...бычак

...*bychak*

...a flashlight

...чырак

...*chyrak*

8. At the restaurant
8. Ресторанда
8. Restoranda

Hello

Саламатсызбы

Salamatsyzby

I need a table please

Мага стол керек

Maga stol kerek

I need a table...

Мага ... адамдык стол керек

Maga ... adamdyk stol kerek

... for two

... эки

... eki

... for three

... үч

... üch

... for four

... төрт

... tört

Can we sit outside?

Сыртта отурсак болобу?

Syrtta otursak bolobu?

I'd like to see the menu, please

Менюну берип коюңузчу

Meniunu berip koiunguzchu

Can we sit inside, please

Ичинде отурсак болобу?

Ichinde otursak bolobu?

I have a reservation

Мен ээлеп койгом

Men eelep koyigom

I'd like to make a reservation

Ээлеп койгум келип жатат

Eelep koyigum kelip jatat

Do you have an English menu?

Менюнун англис тилиндегиси барбы?

Meniunun anglis tilindegisi barby?

Drinks

Суусундар

Suusundar

Could you bring me the wine list?

Шараптар тизмегин берип коёсузбу?

Sharaptar tizmegin berip koyosuzbu?

Could I have some...

Мен ... алат элем

Men ... alat elem

...wine?

...шарап

...sharap

...beer?

...сыра

...syra

...vodka?

...арак

...arak

...whiskey ?

...виски

...viski

...cognac?

...коньяк

...kon"yak

...milk?

...сүт

...süt

...mineral water?

...минералдык суу

...mineraldyk suu

...orange juice?

...апельсин ширесинен

...apel'sin shiresinen

...grapefruit juice?

...грейпфрут ширесинен

...greyipfrut shiresinen

...apple juice?

...алма ширесинен

...alma shiresinen

...tea?

...чай

...chayi

I'd like a glass of...

Мен бир бокал ... алат элем

Men bir bokal ... alat elem

...red wine

...кызыл шарап

...kyzyl sharap

...white wine

...ак шарап

...ak sharap

...champagne

...шампан шарабын

...shampan sharabyn

I'd like a bottle of...

Мен бир бөтөлкө ... алат элем

Men bir bötölkö ... alat elem

...red wine

...кызыл шарап

...kyzyl sharap

...white wine

...ак шарап

...ak sharap

...champagne

...шампан шарабынан

...shampan sharabynan

I'd like some...

Мен ... ал**а**т эл**е**м

Men ... alat elem

...soup

...шорп**о**

...shorpo

...salad

...сал**а**т

...salat

Deserts

Десертт**е**р

Desertter

Cake

Пир**о**г

Pirog

Chocolate

Шокол**а**д

Shokolad

Ice cream

Бал муздак

Bal muzdak

General food categories

Жалпы тамак категориялары

Jalpy tamak kategoriyalary

Meat

Эт

Et

Beef

Уй эти

Uyi eti

Pork

Чочко эти

Chochko eti

Chicken

Тоок эти

Took eti

Lamb

Козу эти

Kozu eti

Mutton

Кой эти

Koyi eti

Veal

Торпок эти

Torpok eti

Shrimp

Креветка

Krevetka

Fish

Балык

Balyk

Salmon

Сёмга

Syomga

Sturgeon

Осётр

Osyotr

Cod

Треска

Treska

9. Entertainment
9. Көңүл ачуу
9. Köngül achuu

Is there a nightclub nearby?

Жакын жерде түнкү клуб барбы?

Jakyn jerde tünkü klub barby?

Where is the museum?

Музей кайсы жакта?

Muzeyi kayisy jakta?

Where is the nightclub?

Түнкү клуб кайсы жакта?

Tünkü klub kayisy jakta?

Where is the theater?

Театр кайсы жакта?

Teatr kayisy jakta?

Where is the zoo?

Зоопарк кайсы жакта?

Zoopark kayisy jakta?

Where is the swimming pool?

Бассейн кайсы жакта?

Basseyin kayisy jakta?

10. Problems
10. Маселелер
10. Maseleler

Police

Полиция (милиция)

Politziya (militziya)

I have a complaint

Мен арыз билдиргим келет

Men aryz bildirgim kelet

Lost items

Жоготулган нерселер

Jogotulgan nerseler

I have lost...

Мен ... жоготуп алдым

Men ... jogotup aldym

...my passport

...паспортумду

...pasportumdu

...my documents

...документтеримди

...dokumentterimdi

...my ticket

...билетимди

...biletimdi

...my wallet

...капчыгымды

...kapchygymdy

...my bag

...баштыгымды

...bashtygymdy

...my clothes

...кийимдеримди

...kiyiimderimdi

...my glasses

...көз айнегимди

...köz ayinegimdi

Defective items

Бузук жарактар

Buzuk jaraktar

I bought this recently...

Мен муну жакында эле ... сатып алгам

Men munu jakynda ele ... satyp algam

...at the store

...дүкөндөн

...düköndön

...at the bazaar

...базардан

...bazardan

This item is defective

Бул бузук экен

Bul buzuk eken

I have the receipt

Менде чек бар

Mende chek bar

I don't have the receipt

Менде чек жок

Mende chek jok

I need a refund

Мага акчамды кайтарып бериңизчи

Maga akchamdy kayitaryp beringizchi

I want to exchange the item

Мен муну алмаштыргым келип жатат

Men munu almashtyrgym kelip jatat

I need to see the manager

Мен менежер менен жолугушкум келип жатат

Men menejer menen jolugushkum kelip jatat

11. Changing money
11. Акча алмаштыруу
11. Akcha almashtyruu

Bank

Банк

Bank

Money exchange

Акча алмаштыруу

Akcha almashtyruu

Where can I exchange money?

Акчаны кайсы жерден алмаштырсам болот?

Akchany kayisy jerden almashtyrsam bolot?

What is the exchange rate?

Алмаштыруу курсу кандай?

Almashtyruu kursu kandayi?

I need to exchange this please

Мен муну алмаштыргым келип жатат

Men munu almashtyrgym kelip jatat

I need to cash this check

Мен бул чекти акчага алмаштыргым келип жатат

Men bul chekti akchaga almashtyrgym kelip jatat

Here is...

Мына...

Myna...

...my passport

...менин паспортум

...menin pasportum

12. General Reference Information
12. Багыттоо боюнча жалпы маалымат
12. Bagyttoo boiuncha jalpy maalymat

When

Качан

Kachan

Right now

Азыр

Azyr

Later

Кийинчерээк

Kiyinchereek

Not right now

Азыр эмес

Azyr emes

Maybe

Болушу мүмкүн

Bolushu mümkün

Where

Кайсы жерде

Kayisy jerde

Here

Бул жерде

Bul jerde

There

Тиги жакта

Tigi jakta

Far/Not far

Алыс/Алыс эмес

Alys/Alys emes

Good

Жакшы

Jakshy

Bad

Жаман

Jaman

Expensive

Кымбат

Kymbat

Cheap

Арзан

Arzan

What time is it?

Саат канча болду?

Saat kancha boldu?

How much?

Канча?

Kancha?

One

Бир

Bir

Two

Эки

Eki

Three

Үч

Üch

Four

Төрт

Tört

Five

Беш

Besh

Six

Алты

Alty

Seven

Жети

Jeti

Eight

Сегиз

Segiz

Nine

Тогуз

Toguz

Ten

Он

On

Eleven

Он бир

On bir

Twelve

Он эки

On eki

Thirteen

Он үч

On üch

Fourteen

Он төрт

On tört

Fifteen

Он беш

On besh

Sixteen

Он алты

On alty

Seventeen

Он жети

On jeti

Eighteen

Он сегиз

On segiz

Nineteen

Он тогуз

On toguz

Twenty

Жыйырма

Jyyiyrma

Thirty

Отуз

Otuz

Forty

Кырк

Kyrk

Fifty

Элүү

Elüü

Sixty

Алтымыш

Altymysh

Seventy

Жетимиш

Jetimish

Eighty

Сексен

Seksen

Ninety

Токсон

Tokson

One hundred

Жүз

Jüz

Two hundred

Эки жүз

Eki jüz

Three hundred

Үч жүз

Üch jüz

Four hundred

Төрт жүз

Tört jüz

Five hundred

Беш жүз

Besh jüz

Six hundred

Алты жүз

Alty jüz

Seven hundred

Жети жүз

Jeti jüz

Eight hundred

Сегиз жүз

Segiz jüz

Nine hundred

Тогуз жүз

Toguz jüz

One thousand

Миң

Ming

Two thousand

Эки миң

Eki ming

I have

Менде бар

Mende bar

You have

Сенде бар / Сизде бар

Sende bar / Sizde bar

Printed in Great Britain
by Amazon